EL LIBRO ROSADO

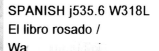

JOI WASHINGTON Y LUCÍA M. SÁNCHEZ

Esta casa es rosada.

Estas bolsas son rosadas.

Esta bicicleta es rosada.

Esta flor es rosada.

Estos flamencos son rosados.

Estos anteojos son rosados.

Esta moto es rosada.

Este carro es rosado.

Estos zapatos son rosados.

Esta camiseta es rosada.

Esta perra es rosada.

Estas sillas son rosadas.

Estos sombreros son rosados.

Este árbol es rosado.

Esta pelota es rosada.

Esta avioneta es rosada.

Esta sombrilla es rosada.

Estas uñas son rosadas.

Palabras frecuentes

es

esta

estas

este

estos

son